CALIGRAFIA
COM ORTOGRAFIA E GRAMÁTICA

MARCHA CRIANÇA

4º ANO

Maria Teresa Marsico

Professora graduada em Letras pela Universidade Federal do Rio de Janeiro (UFRJ) e em Pedagogia pela Sociedade Unificada de Ensino Superior Augusto Motta. Atuou por mais de trinta anos como professora de Educação Infantil e Ensino Fundamental das redes municipal e particular de ensino no município do Rio de Janeiro.

Armando Coelho de Carvalho Neto

Atua desde 1981 com alunos da rede oficial de ensino e professores das redes oficial e particular do Rio de Janeiro. Desenvolve pesquisas e estudos sobre metodologias e teorias modernas de aprendizado. É autor de obras didáticas para Ensino Fundamental e Educação Infantil desde 1993.

Agora você também consegue acessar o *site* exclusivo da **Coleção Marcha Criança** por meio deste QR code.

Basta fazer o *download* de um leitor QR code e posicionar a câmera de seu celular ou *tablet* como se fosse fotografar a imagem acima.

editora scipione

editora scipione

Diretoria editorial
Lidiane Vivaldini Olo

Gerência editorial
Luiz Tonolli

Editoria de Anos Iniciais
Tatiany Telles Renó

Edição
Miriam Mayumi Nakamura, Vanessa Batista Pinto e Duda Albuquerque / DB Produções Editoriais (colaborador)

Gerência de produção editorial
Ricardo de Gan Braga

Arte
Andréa Dellamagna (coord. de criação),
Gláucia Correa Koller (progr. visual de capa e miolo),
Leandro Hiroshi Kanno (coord. de arte),
Fábio Cavalcante (editor de arte) e
Dito e Feito Comunicação (diagram.)

Revisão
Hélia de Jesus Gonsaga (ger.),
Rosângela Muricy (coord.),
Gabriela Macedo de Andrade,
Paula Teixeira de Jesus, Vanessa de Paula Santos,
Brenda Morais e Gabriela Miragaia (estagiárias)

Iconografia
Sílvio Kligin (superv.),
Denise Durand Kremer (coord.),
Jad Nidiane Pereira Silva (pesquisa),
Cesar Wolf e Fernanda Crevin (tratamento de imagem)

Ilustrações
ArtefatoZ (capa), Ilustra Cartoon (aberturas de unidade)
e Fabiana Salomão (miolo)

> Os textos sem referência são de autoria de Maria Teresa Marsico e Armando Coelho.

Direitos desta edição cedidos à Editora Scipione S.A.
Av. das Nações Unidas, 7221, 1º andar, Setor D
Pinheiros – São Paulo – SP – CEP 05425-902
Tel.: 4003-3061
www.scipione.com.br / atendimento@scipione.com.br

Dados Internacionais de Catalogação na Publicação (CIP)
(Câmara Brasileira do Livro, SP, Brasil)

Marsico, Maria Teresa
 Marcha criança : ensino fundamental I : caligrafia com ortografia e gramática / Maria Teresa Marsico, Armando Coelho de Carvalho Neto. – 2. ed. – São Paulo : Scipione, 2016.

 Obra em 5 v. para alunos do 1º ao 5º ano.
 Bibliografia.

 1. Caligrafia (Ensino fundamental) I. Carvalho Neto, Armando Coelho de. II. Título.

15-11255   CDD–372.634

Índice para catálogo sistemático:
1. Caligrafia : Ensino fundamental 372.634

2018

ISBN 978 85 262 9823 1 (AL)
ISBN 978 85 262 9824 8 (PR)

Cód. da obra CL 739182
CAE 565 585 (AL) / 565 586 (PR)

2ª edição
6ª impressão

Impressão e acabamento
Bercrom Gráfica e Editora

Apresentação

Querido aluno, querida aluna,

Preparamos este livro com muito carinho especialmente para você. Ele está repleto de situações e atividades motivadoras, que certamente vão despertar seu interesse e lhe proporcionar muitas descobertas. Esperamos que com ele você encontre satisfação no constante desafio de aprender!

Escrever corretamente e de modo legível é muito importante para que nossa comunicação seja eficiente. Por isso, criamos a coleção **Marcha Criança Caligrafia - com Ortografia e Gramática**. Nesta coleção, você encontra atividades importantes para dominar o traçado correto das letras e escrever com fluência.

Você também vai se divertir com jogos, adesivos e muito mais!

Bons estudos e um forte abraço,

Maria Teresa e Armando

Conheça seu livro

Veja a seguir como o seu livro está organizado.

Unidade

Seu livro está organizado em quatro Unidades. As aberturas são em páginas duplas. Em **O que vou estudar?**, você encontra um resumo do que vai aprender em cada Unidade.

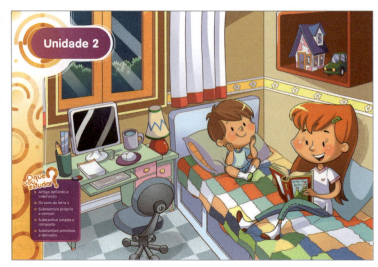

Capítulo

Nos capítulos você encontra atividades diversificadas e desafiadoras.

Brincando e aprendendo

Esta seção encerra a Unidade. Nela, você retoma algum conteúdo da Unidade por meio de atividades lúdicas.

Sugestões para o aluno

Seleção de livros, CDs, *sites* e DVDs para complementar seus estudos e ampliar seus conhecimentos.

Materiais de apoio

Adesivos

Ao final de todos os volumes você encontra adesivos para colar nas atividades do livro.

Pequeno escritor

Você vai recontar a história "Os três mosqueteiros" no livreto **Pequeno escritor**, que acompanha o livro. Preste atenção nas imagens, tente se lembrar das versões da história que você conhece e mãos à obra:
- Complete os trechos do narrador.
- Complete os balões de fala.
- Atente-se para que sua história tenha coerência, ou seja, tenha sentido do começo ao fim.

Sumário

Unidade 1 8

Capítulo 1: Alfabeto, letra inicial maiúscula, ordem alfabética 10

Capítulo 2: m antes de p e b; n antes das demais consoantes 14

Capítulo 3: Encontros vocálicos 16

Capítulo 4: Encontros consonantais 20

Capítulo 5: Dígrafos 24

Capítulo 6: ce, ci, ç 26

Capítulo 7: Consoante não acompanhada de vogal 28

Capítulo 8: gu, qu 30

Brincando e aprendendo 32

Unidade 2 34

Capítulo 1: g, j 36

Capítulo 2: Artigo definido e artigo indefinido 38

Capítulo 3: Os sons da letra x 40

Capítulo 4: Substantivo próprio e substantivo comum 44

Capítulo 5: Substantivo simples e substantivo composto 46

Capítulo 6: Substantivo primitivo e substantivo derivado 48

Brincando e aprendendo 50

Unidade 3 52

Capítulo 1: Substantivo singular e substantivo plural 54

Capítulo 2: Substantivo masculino e substantivo feminino 58

Capítulo 3: s, z 62

Capítulo 4: Grau do substantivo 66

Capítulo 5: Adjetivo e adjetivo pátrio 68

Capítulo 6: Locução adjetiva 72

Capítulo 7: Grau do adjetivo: comparativo 74

Capítulo 8: l, u em final de sílaba 76

Brincando e aprendendo 78

Unidade 4 80

Capítulo 1: Pronome pessoal do caso reto 82

Capítulo 2: h inicial; ch, lh, nh 84

Capítulo 3: Pronome pessoal do caso oblíquo 86

Capítulo 4: Pronome de tratamento 88

Capítulo 5: Numeral 90

Capítulo 6: o, ou; e, ei 102

Capítulo 7: Verbo: infinitivo e conjugação 104

Capítulo 8: -am, -ão 108

Capítulo 9: Letra r 110

Capítulo 10: sc, sç, xc 112

Brincando e aprendendo 114

Sugestões para o aluno 116

Bibliografia 120

Capítulo 1
Alfabeto, letra inicial maiúscula, ordem alfabética

1 Leia.

Para falar, usamos sons.
Para escrever, usamos letras.
O **alfabeto** da língua portuguesa é formado por 26 letras.

2 Escreva o alfabeto minúsculo.

a b c d e f g h i

j k l m n o p q r

s t u v w x y z

- Escreva o alfabeto maiúsculo.

A B C D E F G H I

J K L M N O P Q R

S T U V W X Y Z

3 Leia o texto.

O transatlântico inglês Titanic, o maior do mundo, saiu de Southampton [Reino Unido] no dia 10 de abril de 1912 com destino a Nova York. Havia 2 225 pessoas a bordo. Às 22h15 do dia 14, colidiu com um enorme iceberg. Quarenta minutos depois, transmitiu sua última mensagem: "Afundamos". Apenas 712 se salvaram.

Calcula-se que oitocentos dos 1513 passageiros mortos foram devorados por tubarões.

O guia dos curiosos, de Marcelo Duarte. São Paulo: Panda Books, 2015.

- Copie na coluna correspondente as palavras destacadas no texto.

Palavra com inicial maiúscula no começo de frase	Substantivo próprio

Capítulo 1 – Alfabeto, letra inicial maiúscula, ordem alfabética

> A ordem em que as letras aparecem no alfabeto recebe o nome de **ordem alfabética**.
>
> Para organizar as palavras em ordem alfabética, consideramos a primeira letra delas; quando forem iguais, consideramos a segunda letra; se também forem iguais, consideramos a terceira, e assim por diante.

4 Leia a adivinha e, ao lado, faça um desenho para ilustrar a resposta. Depois, copie as palavras destacadas em ordem alfabética.

Tenho **mel** no **nome**
por isso sou deliciosa.
Nos **dias** de calor,
deixo a vida mais **gostosa**.

Adivinhas e trava-línguas. São Paulo: Caramelo, 2009.

1.
2.
3.
4.

5 Copie o nome destes estados brasileiros em ordem alfabética.

Amazonas   Acre   Alagoas   Amapá

1.
2.
3.
4.

Capítulo 2 — m antes de p e b; n antes das demais consoantes

1 Leia o poema.

Dona Ana vai à feira

Dona Ana foi à feira
Comprar pra semana inteira
Fruta, verdura e tempero
Tudo com pouco dinheiro

Na banca do Joaquim
Perguntou pelo alecrim
Achou tão alto o preço
Mudou logo de endereço

Na barraca do pepino
Encontrou o Jenoíno
Pediu tanto desconto
Que o homem caiu tonto

[...]

Confusões de dona Ana × Confusões de seu José, de Lidia Izecson de Carvalho. São Paulo: Gaivota, 2015.

a) No poema, pinte as palavras que têm **m** antes de **p** ou de **b**; circule as que terminam com **m**; sublinhe as que têm **n** antes das demais consoantes.

b) Copie, nos lugares indicados, duas das palavras que você destacou no poema.

| **m** antes de **p**: | | |

| **m** em final de palavra: | | |

| **n** antes das demais consoantes: | | |

> Usa-se **m** diante das consoantes **p** e **b** e em final de palavra. Antes das demais consoantes, usa-se **n**.

2 Copie as palavras substituindo ⭐ por **m** ou **n**.

- e⭐pada
- ma⭐ga
- pudi⭐
- amendoi⭐
- roca⭐bole

Capítulo 3 — Encontros vocálicos

1 Leia o poema e copie-o nas pautas.

Profissões: o marujo

Marinheiro pequenino
Bebeu água ao se deitar.
Acordou de madrugada:
A sua cama era um mar.

Poemas para brincar, de José Paulo Paes. São Paulo: Ática, 2011.

Quando duas ou mais vogais aparecem juntas na mesma palavra, elas formam um **encontro vocálico**.

- Circule, no poema da página anterior, os encontros vocálicos do quadro.

ei   õe   eu   ua   ao   ou

2 Copie as palavras do quadro separando suas sílabas. Siga as indicações.

marinheiro   deitar   sua
profissões   acordou

Encontro vocálico na mesma sílaba

Encontro vocálico em sílabas diferentes

Há três tipos de encontros vocálicos:
- **hiato**: encontro de duas vogais em sílabas diferentes, por exemplo, s**a-í**-da.
- **ditongo**: encontro de duas vogais na mesma sílaba, por exemplo, he-r**ói**.
- **tritongo**: encontro de três vogais na mesma sílaba, por exemplo, Pa-ra-g**uai**.

3 Copie as palavras do quadro nos lugares indicados.

| violeta | iguais | língua |
| saguão | animais | moeda |

Ditongo	Hiato	Tritongo

4 Leia o poema.

Goteiras

A casa no meio do mato
tinha portas e janelas,
tinha ferrolhos, tramelas
e era de cimento o chão.

Na casa no meio do mato
havia som de viola,
passarinhos na gaiola,
galinhas ciscando o chão.

[...]

A casa no meio do mato, de Luís Pimentel. São Paulo: Prumo, 2009.

o Copie do poema as palavras com encontro vocálico. Siga as indicações.

Palavras com ditongo

Palavras com hiato

Palavras com ditongo e hiato

5 Escreva o nome das figuras e circule os encontros vocálicos.

Fique por dentro!

Ao escrever palavras que têm o ditongo **ei** (por exemplo, cart**ei**ro) é preciso prestar atenção para não omitir a vogal **i**.

Capítulo 4 — Encontros consonantais

1 Leia o trava-língua.

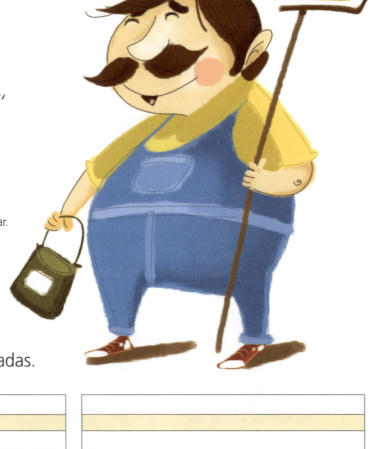

Pedro Pereira, pintor português, pintava portas com perfeição.

Trava-língua popular.

a) Copie as palavras destacadas.

b) Leia a informação abaixo e, depois, circule os encontros consonantais das palavras que você copiou.

> Quando duas ou mais consoantes aparecem juntas na mesma palavra formam um **encontro consonantal**.
>
> Nos encontros consonantais, cada consoante representa um som diferente.

2 Circule os encontros consonantais das palavras abaixo. Depois, copie as palavras, separando suas sílabas.

flauta

tigre

saltar

olfato

estojo

exportar

> O encontro consonantal pode ocorrer:
> o na mesma sílaba: ti-**gr**e, por exemplo.
> o em sílabas diferentes: sa**l**-**t**ar, por exemplo.

o Das palavras acima, copie:

a) uma palavra com dois encontros consonantais.

b) duas palavras com encontro consonantal na mesma sílaba.

c) quatro palavras com encontro consonantal em sílabas diferentes.

3 Procure a resposta das adivinhas no quadro e escreva-a no lugar indicado.

> flora   iglu   flauta
> clarinete bicicleta   biblioteca
> atleta   globo   planeta

a) Habitação feita de blocos de gelo.

b) Coleção de livros.

c) Veículo de duas rodas.

d) Pessoa que pratica esportes.

e) Conjunto de plantas de uma região.

f) Astro sem luz própria.

○ Copie as palavras que sobraram embaixo das respectivas figuras.

Capítulo 4 – Encontros consonantais

4 Leia mais um trava-língua.

Pedro Prado pregou o prego, pregando-o com um martelo. Sem o martelo, teria Pedro Prado pregado o prego?

Adivinhas e trava-línguas. São Paulo: Caramelo, 2009.

o Copie da primeira linha do trava-língua as palavras que têm encontro consonantal.

5 Acrescente o **r** e forme outras palavras. Veja o modelo.

pato → prato

faca →

gato →

dama →

fio →

Capítulo 5 — Dígrafos

1 Leia o texto e, em seguida, escreva a resposta da pergunta feita no título.

Qual é o inseto que parece um galhinho?

Todos os insetos e animais **rasteiros** têm inimigos querendo devorá-los. Alguns sobrevivem se disfarçando de coisas não **comestíveis**. Outros conseguem se **camuflar** em seus hábitats.

O **bicho-pau** tem o corpo parecido com um **galho** fino, e o bicho-folha se parece com **folhas** verdes. Algumas lagartas parecem até cocô de **passarinho**. [...]

Como? Onde? Por quê?, de Carolina Caires Coelho. Barueri: Girassol, 2008.

- Nas palavras destacadas acima, circule as consoantes que estão juntas e representam sons diferentes. Depois, sublinhe as que representam um único som.

> Nos **encontros consonantais**, cada consoante representa um som diferente.
>
> Quando as duas letras representam um único som, formam um **dígrafo**.
>
> Na separação de sílabas, as letras dos dígrafos podem ficar na mesma sílaba (bi-**ch**o, por exemplo) ou em sílabas diferentes (pá**s**-**s**a-ro, por exemplo).

2 Leia as palavras do quadro e copie-as nas pautas de acordo com o dígrafo correspondente.

| amarrar | guiar | piscina | cresço | exceto |
| assistir | querer | chave | milho | manhã |

ch _____   **nh** _____

sc _____   **xc** _____

lh _____   **rr** _____

sç _____   **ss** _____

qu _____   **gu** _____

Capítulo 6: ce, ci, ç

1 Leia o texto a seguir.

O lixo que é meu, é seu, é de todos nós

Nem tudo aquilo que parece lixo precisa ser jogado fora.

Lixão.

A melhor alternativa para a redução do lixo é a diminuição do consumo. [...]

No Brasil há acordos e leis para o correto descarte de diferentes tipos de lixo, mas em algumas cidades, o lixo ainda é depositado a céu aberto. Estamos falando de lixões. [...]

Ciência Hoje das Crianças. Rio de Janeiro: Instituto Ciência Hoje, n. 261, out. 2014.

○ Circule, no texto, as palavras com **ce**, **ci** e **ç** e escreva-as no local correspondente.

ce		
ci		
ç		

O som **sê** pode ser representado também pela letra **c** acompanhada das vogais **e**, **i** (**ce**rteza, fa**ci**litar) e pelo **ç** (cê-cedilha) acompanhado das vogais **a**, **o**, **u** (cabe**ça**, pesco**ço**, a**çú**car).

2 Copie a frase substituindo o símbolo pelas palavras do quadro.

faca   faça

Não ✪ brincadeiras com a ✪, pois você pode se machucar.

3 Complete as palavras com **c** ou **ç**.

cal a   elular   fo inho

ca ula   pre o   inema

te ido   can ão   entavo

Capítulo 7 — Consoante não acompanhada de vogal

1 Organize as letras e escreva o nome das figuras.

| p | n | e | u |

| h | e | l | i | c | ó |
| p | t | e | r | o |

- Copie a frase substituindo ✱ por uma das palavras que você escreveu acima.

O ✱ voou alto.

Fique por dentro!

Nas palavras **pneu** e **helicóptero** a consoante **p** não é acompanhada de vogal.

2 Copie apenas as palavras em que há consoante não acompanhada de vogal.

cama — decepção — menino
técnico — copo — cacto

3 Escreva a letra inicial do nome de cada figura.

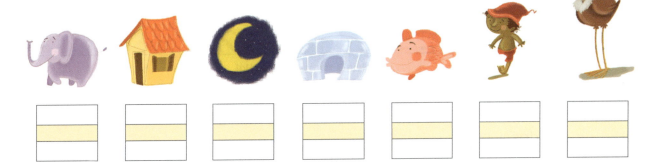

- Agora, complete o texto com a palavra que você formou.

O desaparecimento, total ou parcial, de um astro porque outro astro se põe entre ele e quem o observa chama-se

.

Aurelinho: dicionário infantil ilustrado da língua portuguesa, de Aurélio Buarque de Holanda Ferreira. Curitiba: Positivo, 2014. (Texto adaptado).

Eclipse lunar.

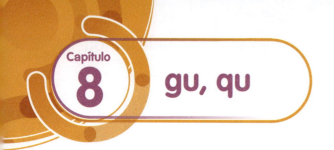

Capítulo 8 — gu, qu

1 Leia a tirinha.

Calvin & Haroldo: Yukon Ho!, de Bill Watterson. São Paulo: Conrad, 2010.

- Encontre na tirinha as palavras que têm **qu** ou **gu** e copie-as nos lugares indicados.

Palavra com **qu**

Palavra com **gu**

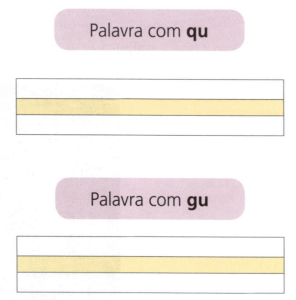

Nos grupos **qu** e **gu**, a letra **u** é pronunciada quando está diante das letras **a**, **o** (á**gu**a, á**gu**o). Geralmente não é pronunciada quando está diante das letras **e**, **i** (**gu**erra, á**gu**ia).

2 Copie as palavras do quadro nos lugares indicados.

> régua   quati   águia   guincho
> esqueleto   aluguel   esquilo   guache
> quadrado   esquina   caranguejo
> aguou   aquoso   orquestra

gua/qua		
gue/que		
gui/qui		
guo/quo		

Brincando e aprendendo

1 Qual gato vai chegar ao prato de ração? Escreva na pauta.

Fred

Miau

Lili

Filó

Flor

Fiona

Fofucha

Bichano

2 Escreva o nome dos gatos que tem:

a) duas vogais e duas consoantes;

b) encontro vocálico;

c) encontro consonantal;

d) dígrafo.

3 Alice adotou dois dos oito gatos apresentados na atividade 1. Leia as dicas para descobrir o nome dos gatos adotados por Alice. Depois escreva o nome deles.

a) Ela adotou um gato macho e um gato fêmea.

b) Ela adotou um gato cujo nome tem encontro consonantal e um gato cujo nome tem dígrafo.

c) Ela não adotou o gato chamado Fred.

Capítulo 1 — g, j

1 Junte as sílabas dos quadrinhos da mesma cor e forme palavras. Depois, escreva as palavras formadas nos lugares indicados pelas cores.

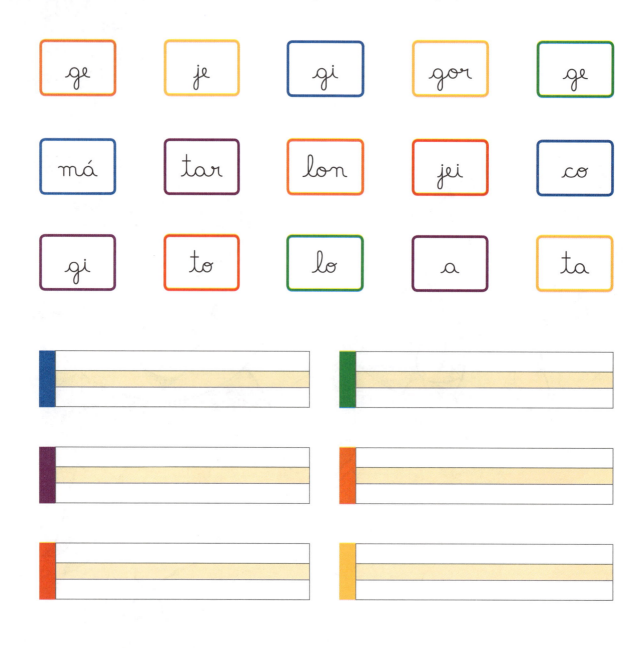

Diante das vogais **e** e **i**, as letras **g** e **j** representam o mesmo som.

2 Leia a adivinha e escreva a resposta.

Tenho gomos pequeninos e um aroma marcante. Meu caldo colorido vira suco refrescante.

Adivinhas e trava-línguas. São Paulo: Caramelo, 2009.

3 Copie do quadro as palavras da mesma família.

agilidade   gigantesco   jeitoso
desajeitado   agilizar   majestoso
majestático   agigantar

| ágil | jeito |

| gigante | majestade |

Capítulo 2 — Artigo definido e artigo indefinido

1 Leia o texto a seguir e copie o que estiver destacado.

Muitas crianças vivem com **a mãe** e **o pai**... Mas muitas outras vivem apenas com o pai... ... ou só com a mãe. Algumas vivem com **a avó** e **o avô**. [...]

O grande e maravilhoso livro das famílias, de Mary Hoffman e Ros Asquith. São Paulo: Edições SM, 2011.

> As palavras **a** e **o**, que acompanham os substantivos do texto, são **artigos**.
> Os artigos podem ser:
> - **definidos**: o, a, os, as.
> - **indefinidos**: um, uma, uns, umas.

2 Copie a frase substituindo os símbolos por artigos. Veja o quadro.

> ⭐ artigo indefinido   ⭐ artigo definido

Ela tem ⭐ família muito grande. ⭐ tios e ⭐ primos moram no interior.

| |
| |
| |

3 Siga o quadro acima e escreva artigos diante dos substantivos.

⭐ _____ animal   ⭐ _____ terra

⭐ _____ amoras   ⭐ _____ aves

⭐ _____ seres   ⭐ _____ flor

⭐ _____ peixes   ⭐ _____ solo

⭐ _____ menina   ⭐ _____ plantas

Capítulo 3 — Os sons da letra x

1 Leia um trecho do conto **Bela Adormecida**, dos irmãos Grimm.

[...] aconteceu de, bem no dia do seu aniversário de 15 anos, o rei e a rainha estarem fora, e ela, sozinha no palácio. Perambulando e examinando todos os seus aposentos e cômodos, chegou por fim a uma velha torre onde uma escadaria estreita levava a uma pequena porta. Na porta estava uma chave de ouro. Ao girar, a porta de pronto se abriu e a menina avistou uma velhinha fiando, muito ocupada.

— Ora, avozinha — perguntou a princesa — o que fazes?

— Estou fiando — respondeu a velhinha. [...]

A princesa pediu à velhinha que a deixasse fiar, e tomou a roca para si. [...]

Contos de Grimm, de Jacob Grimm e Wilhelm Grimm. Porto Alegre: L&PM Pocket, 2012.

- Localize no texto as palavras abaixo e sublinhe-as. Depois, copie-as.

deixasse

chave

Fique por dentro!

Nas palavras acima, **x** e **ch** representam o mesmo som.

2 Copie as palavras do quadro nos lugares indicados.

mexicano   baixo   enxada
enxugar   caixa   mexerica

x depois de ditongo

x em palavras iniciadas por en

x em palavras iniciadas por me

3 Localize no texto da página 40 as palavras abaixo e circule-as. Depois, copie-as.

sozinha

examinando

Fique por dentro!
Nas palavras acima, **z** e **x** representam o mesmo som.

4 Copie as palavras substituindo os símbolos pelas letras **x** ou **z**, de acordo com o código.

⭐ x   ⭐ z

e⭐ercer

a⭐edo

e⭐ame

enfe⭐ado

bele⭐a

e⭐ato

Capítulo 3 – Os sons da letra x

5 Leia os balões de fala.

- Copie dos balões de fala as palavras com **x** nos lugares indicados.

x com som de **ch**	
x com som de **z**	
x com som de **s**	
x com som de **ss**	
x com som de **cs**	

Capítulo 4 — Substantivo próprio e substantivo comum

1 Leia um trecho do livro **Tampinha tira os óculos**.

Meu apelido é Tampinha. Os meninos da escola me chamam assim porque eu sou muito baixinha. Também vivem me enchendo porque eu uso óculos. No começo, eu ficava brava, mas agora não estou nem aí.

Tenho oito anos. Meus melhores amigos são o Fofoco e o Estopa.

O Fofoco é uma foca. Ele fugiu de um circo e hoje mora no meu banheiro. [...]

O Estopa é o meu cachorro de estimação. Ele vive se metendo em confusões, pois não enxerga muito bem. O pelo cobre os olhos dele. [...]

Tampinha tira os óculos, de Mariana Caltabiano. São Paulo: Scipione, 2009.

- Copie do texto:

a) dois substantivos próprios.

b) dois substantivos comuns.

2 Leia o texto e copie os substantivos próprios solicitados.

A autora do livro **Tampinha tira os óculos** é Mariana Caltabiano. Ela nasceu em São Paulo, em 1972. Ela também é autora do livro **Jujubalândia**.

a) Nome de pessoa:

b) Nome de cidade:

c) Títulos de livro:

3 Copie os substantivos comuns do quadro.

amigo   Paula   confusão   Recife

Capítulo 5 — Substantivo simples e substantivo composto

1 Leia o texto e conheça um pouco sobre o filme **Kiriku e a feiticeira**. Depois copie o trecho destacado.

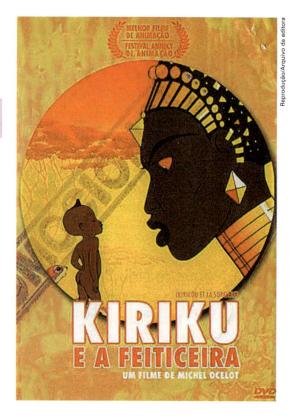

==Kiriku e a feiticeira é um longa-metragem baseado em uma lenda africana.== O filme conta a história de um recém-nascido superdotado que sabe falar, andar e correr. É ele quem salva sua aldeia, que está ameaçada pela feiticeira Karabá.

○ Observe:

> O **substantivo simples** é formado por apenas uma palavra.
> O **substantivo composto** é formado por duas palavras ou mais, ligadas por hífen ou não. Por exemplo: **arco-íris**, **pontapé** e **pôr do sol**.

2 Copie os substantivos do quadro nos lugares indicados.

gota	conta-gotas	girassol	Sol
fita	toca-fitas	pé de moleque	moleque
flor	passatempo	beija-flor	tempo

Substantivo simples	Substantivo composto

Capítulo 6
Substantivo primitivo e substantivo derivado

1 Leia a quadrinha.

*Fui fazer a minha cama
me esqueci do cobertor
deu um vento na roseira
encheu minha cama de flor.*

Quadrinha popular.

> O substantivo que não deriva de outra palavra chama-se **primitivo**. Por exemplo: **pedra**, **vidro**.
>
> O substantivo formado de uma palavra primitiva chama-se **derivado**. Por exemplo: **pedreiro**, **vidraça**.

- Copie da quadrinha o substantivo derivado da palavra **rosa**.

2 Complete as frases com os substantivos primitivos e os substantivos derivados dos quadros.

> flor   florista

A _____ tem a _____ que eu quero.

> lanches   lanchonete

Naquela _____ há ótimos _____!

3 Copie do quadro os substantivos derivados das palavras destacadas abaixo.

> jornaleiro   portaria   porteiro   jornalista

porta

jornal

Brincando e aprendendo

1 Leia as legendas a seguir e descubra a que personagens elas se referem. Depois, destaque os adesivos no final do livro e cole-os nos espaços correspondentes. Será que você conhece todos os personagens?

Cole aqui o adesivo.	Cole aqui o adesivo.

Nasci com um poderoso e perigoso poder. Por não saber lidar direito com ele, vivi durante muito tempo isolada, até entender que o amor é a chave para controlar meu poder.

Sou uma princesa e fiquei um bom tempo amaldiçoada e presa em uma torre protegida por um dragão. De dia eu era humana, de noite, ogra. Atualmente, sou casada e tenho 3 filhos.

Cole aqui o adesivo.	Cole aqui o adesivo.

Sou uma princesa e gosto muito de tiro com arco. Tenho uma personalidade forte e sou dona de meu destino. Sem querer, causei um problema em minha família, mas consegui resolver a tempo.

Uso uma capa vermelha com capuz. Minha mãe me deu uma cesta e pediu que eu levasse alguns quitutes para minha vovozinha que mora na floresta, mas um lobo malvado quase me devorou.

Cole aqui o adesivo.

Cole aqui o adesivo.

Sou chinesa e durante um tempo fingi ser um homem. Meu pai havia sido convocado para a guerra, mas ele estava bastante doente. Para poupá-lo, me disfarcei de guerreiro e fui no lugar dele. Assim, ajudei o exército imperial chinês a expulsar os invasores.

Uma bruxa me tirou de meus pais ainda criança e me prendeu numa torre sem portas, onde morei muitos anos e acabei ficando com longos cabelos loiros. Um príncipe me ajudou a fugir, mas, perseguido pela bruxa, ficou cego. Mesmo assim, o amor garantiu o nosso reencontro.

2 Localize nas legendas que você acabou de ler o substantivo primitivo das palavras abaixo. Depois, copie-os.

bruxaria

guerreiro

○ Escreva um artigo indefinido antes de cada substantivo.

princesa

castelos

dragão

bruxas

Capítulo 1 — Substantivo singular e substantivo plural

1 Leia mais um trecho do livro **Tampinha tira os óculos**.

[...] Um dia, eu estava na casa da minha amiga Maricota fofocando sobre os meninos da escola. Foi quando ela me disse que eu faria muito mais sucesso com os garotos se não usasse óculos.

Como a Maricota entende desse assunto mais do que eu, resolvi seguir o conselho dela. Tirei os óculos e fiquei imaginando como os garotos iriam me achar gatinha.

Decidi testar meu novo visual na festa de aniversário de uma menina da minha escola. Cheguei lá e cumprimentei a mãe dela. Achei que ela estava meio gelada.

Só percebi que estava beijando uma estátua porque a galera caiu na gargalhada.

[...]

Tampinha tira os óculos, de Mariana Caltabiano. São Paulo: Scipione, 2009.

a) Copie, do primeiro parágrafo do texto, os substantivos comuns que estão no singular.

b) Copie, do mesmo parágrafo, os substantivos comuns que estão no plural.

Fique por dentro!

Em geral, acrescenta-se a letra **s** para formar o plural dos substantivos.

2 Copie os substantivos, passando-os para o plural.

mãe   peixe   pai

degrau   maçã   cipó

borracha   fogo   dia

3 Leia as informações e escreva os substantivos no plural.

> Para formar o plural de substantivos terminados em **m**, substituímos **m** por **ns**.

homem garçom atum

> Para formar o plural de substantivos terminados em **r** e **z**, acrescenta-se **es**.

mar pintor raiz

> Para formar o plural de substantivos terminados em **s**, acrescenta-se **es** (exceto nos substantivos que têm a mesma forma no singular e no plural, como **tênis**, **lápis**, **ônibus**, **atlas**, **pires**, **vírus**).

gás mês país

> Para formar o plural de substantivos terminados em **al**, **el**, **ol** e **ul**, troca-se o **l** por **is**.

canal papel azul

Capítulo 1 – Substantivo singular e substantivo plural

> Para formar o plural de substantivos oxítonos terminados em **il**, troca-se o **l** por **s**. Quando forem paroxítonos, troca-se o **il** por **eis**.

funil réptil fóssil

4 Copie os substantivos terminados em **ão**, passando-os para o plural. Observe as indicações.

ão ⟶ ãos

irmão mão grão

ão ⟶ ões

botão leão estação

ão ⟶ ães

cão pão alemão

Capítulo 2

Substantivo masculino e substantivo feminino

1 Leia um trecho do livro **A bela história do Pequeno Príncipe**.

Os **adultos** me aconselharam a deixar de lado os **desenhos** de **jiboias** abertas ou fechadas. [...]

Foi assim que, aos seis anos de idade, abandonei uma promissora **carreira** de pintor. Fui desencorajado pelo insucesso de meu desenho número um e de meu desenho número dois. Os adultos são incapazes de entender as **coisas** sozinhos, e é cansativo ter de ficar lhes explicando tudo, o **tempo** todo.

A bela história do Pequeno Príncipe, de Antoine de Saint-Exupéry. São Paulo: Agir, 2013.

> Na língua portuguesa, os substantivos podem ser **femininos** ou **masculinos**. Se forem masculinos, podem vir acompanhados dos artigos **o**, **os**, **um**, **uns**. Se forem femininos, podem vir acompanhados dos artigos **a**, **as**, **uma**, **umas**.

- Copie nos lugares adequados os substantivos destacados no texto. Escreva **o**, **os**, **a** ou **as** antes deles. Veja os modelos.

Substantivo masculino	Substantivo feminino
os adultos	a carreira

2 Observe as figuras e leia as legendas.

o boi

a vaca

o carneiro

a ovelha

Os substantivos que indicam pessoas ou animais apresentam uma forma para o masculino e outra para o feminino.

- Agora, continue completando o quadro com substantivos masculinos ou femininos. Veja o modelo.

Substantivo masculino	Substantivo feminino
o homem	a mulher
o padrasto	
	a madrinha
	a égua
o jogador	
o zangão	

3 Copie as frases, substituindo ⭐ por um dos substantivos do quadro.

avô   avó

a) Marcos é o ⭐ de Júlio.

Capítulo 2 – Substantivo masculino e substantivo feminino

aluno   aluna

b) A professora elogiou a ★.

camponês   camponesa

c) O ★ cuida do gado.

leitão   leitoa

d) O veterinário tratou da ★.

Capítulo 3 — s, z

1 Leia um trecho do conto **Branca de Neve**, dos irmãos Grimm.

E o criado conduziu a menina até a floresta, [...] deixou-a sozinha, e embora julgasse que os animais selvagens a fossem provavelmente estraçalhar, sentiu como se um peso lhe saísse do coração quando decidiu poupar-lhe a vida deixando-a entregue à própria sorte.

Então Branca de Neve perambulou pela floresta [...]. No final da tarde, a menina encontrou uma casinha, na qual entrou para descansar. [...]

Contos de Grimm, de Jacob Grimm e Wilhelm Grimm. Porto Alegre: L&PM Pocket, 2012.

- Copie do texto:

seis palavras iniciadas com **s**

três palavras com **ss**

duas palavras com **z**

duas palavras com **s** entre vogais (som de **z**)

cinco palavras com vogal seguida de **s**

duas palavras com **ns**

2 Copie de cada quadro as palavras em que **s** e **z** têm o mesmo som.

sacola	raso	traseira
beleza	passeio	sol
espada	prazo	selo
blusa	transporte	trazer

3 Copie as frases substituindo os símbolos pelas letras do quadro.

★ s   ★ z

a) Não de★i★ta. Você é capa★!

b) E★tá e★curo; acenda a lu★, por favor.

4 Copie as frases.

a) O cãozinho dormiu na casinha.

b) Pus a florzinha no vaso.

5 Copie as palavras do quadro nos lugares indicados.

pulso   diversão   falso
curso   ansioso   conserto

Palavras com **ls**	Palavras com **ns**	Palavras com **rs**

Fique por dentro!
Depois de consoante usa-se só um **s**.

Capítulo 4 — Grau do substantivo

1 Copie apenas as frases em que há substantivos indicando tamanho grande ou pequeno.

Moro em um casarão.

Davi recebeu um cartão.

Bete tem dois peixinhos.

A abelha tem um ferrão.

Quando o substantivo indica diminuição de tamanho, dizemos que está no grau **diminutivo**.

Quando o substantivo indica aumento de tamanho, dizemos que está no grau **aumentativo**.

2 Complete as frases com os substantivos do quadro.

timinho   amigão

Que _____ !   Que _____ !

Fique por dentro!
Os graus aumentativo e diminutivo podem indicar também carinho, desprezo, ironia.

3 Complete as pautas com o grau aumentativo e o diminutivo dos substantivos abaixo. Se precisar, consulte o quadro.

bocarra   narigão   boquinha   narizinho

Grau normal	Grau aumentativo	Grau diminutivo
boca		
nariz		

Capítulo 5 — Adjetivo e adjetivo pátrio

1 Leia mais um trecho do livro **Tampinha tira os óculos**.

[...]

*Dente quebrado, óculos e pintinhas.
Cabelo enrolado, pernas fininhas...
A gente implica com umas coisas que preferia não ter. Mas esses detalhes nos dão charme sem a gente saber!*

Tampinha tira os óculos, de Mariana Caltabiano.
São Paulo: Scipione, 2009.

a) Copie do texto as duplas de palavras destacadas.

b) Nas duplas de palavras que você copiou, pinte os substantivos e circule as palavras que os acompanham.

As palavras **quebrado**, **enrolado** e **fininhas** atribuem características aos substantivos. Elas são **adjetivos**.

2 Combine um substantivo com um adjetivo e escreva-os. Veja o modelo.

> ~~livro~~ galhos ~~infantil~~
> história céu óculos nublado
> engraçada secos escuros

livro infantil

O adjetivo concorda com o substantivo em número (singular e plural) e em gênero (masculino e feminino).

3 Passe os substantivos e os adjetivos para o plural.

gato carinhoso

livro infantil

bombom delicioso

4 Complete as frases com adjetivos terminados em **-oso** ou **-osa**. Veja o modelo.

a) Ana tem coragem. Ela é *corajosa*.

b) Leo faz manha. Ele é _____.

c) Bia estuda. Ela é _____.

d) Pedro tem medo. Ele é _____.

e) Liz tem charme. Ela é _____.

> Os adjetivos terminados em **-oso** e **-osa** são escritos com **s**.

5) Observe a foto e leia a frase que a acompanha.

As praias nordestinas são lindas!

Praia Boca da Barra, na Ilha de Boipeba, no município de Cairu (BA), 2015.

A palavra **nordestinas** é um **adjetivo pátrio**.
São considerados pátrios os adjetivos referentes a países, estados, regiões e cidades.

- Copie as frases substituindo as expressões destacadas por adjetivos pátrios.

a) O acarajé **da Bahia** é especial!

b) Meu amigo é **do Pará**.

6) Escreva os adjetivos pátrios relativos aos países a seguir.

Peru

Itália

Índia

Capítulo 6 — Locução adjetiva

1 Leia e compare.

amor **paterno** — adjetivo

amor **de pai** — locução adjetiva

animal **silvestre** — adjetivo

animal **da selva** — locução adjetiva

> **Locução adjetiva** é um conjunto de duas ou mais palavras que, juntas, atuam como adjetivo. Por exemplo: de boi ⟶ bovino; de mãe ⟶ materno.

2 Copie do balão de fala a locução adjetiva e escreva o adjetivo correspondente.

"Ontem eu vi um eclipse da Lua!"

locução adjetiva ⟶ adjetivo

3 Copie do quadro as locuções adjetivas correspondentes aos adjetivos destacados.

> com sal   da Terra   com açúcar

atmosfera **terrestre**

alimento **salgado**

café **açucarado**

4 Escolha no quadro um adjetivo e uma locução adjetiva que combinem com os substantivos abaixo e escreva-os nas pautas.

> fantástico   de fotos   delicioso   longa
> de algodão   de fubá   de nomes   branca

Substantivo	Adjetivo	Locução adjetiva
bolo		
livro		
lista		
roupa		

Capítulo 7 — Grau do adjetivo: comparativo

1 Copie as frases a seguir.

> Pimpão é mais engraçado do que Pimpolho.

> Pimpolho é menos engraçado do que Pimpão.

> Pingo é tão engraçado quanto Pimpão.

Para comparar a mesma característica (**engraçado**) dos palhaços Pimpão, Pimpolho e Pingo, foi usado o grau comparativo. O grau comparativo pode ser:

- **de superioridade**: indicado por **mais que** ou **mais do que**.
- **de inferioridade**: indicado por **menos que** ou **menos do que**.
- **de igualdade**: indicado por **tão... quanto**.

2 Complete as frases com o grau comparativo indicado.

comparativo de superioridade

Marcos é _____ alto _____ Cláudio.

comparativo de inferioridade

Lúcia é _____ tímida _____ Ana.

comparativo de igualdade

Teresa é _____ teimosa _____ Carlos.

Capítulo 8 — l, u em final de sílaba

1 Copie o texto substituindo os símbolos por letras, de acordo com o quadro abaixo.

Soma leu em seu livro que existe uma incrível variedade de vida selvagem no nosso planeta.

2 Copie as palavras substituindo os símbolos de acordo com o quadro da atividade 1.

| ágil | agiu | abril | abriu |

- Agora, complete a frase com uma das palavras que você copiou.

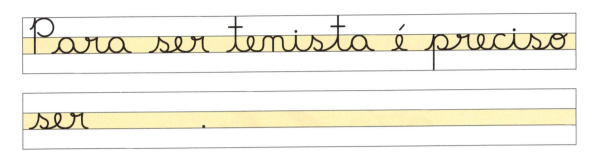

Para ser tenista é preciso ser _____.

3 Forme palavras e escreva-as.

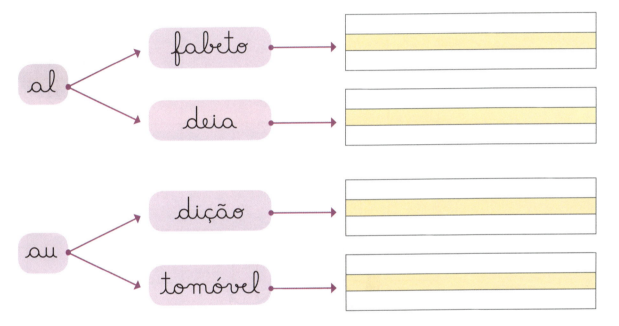

4 Escreva o plural das palavras.

jornal

degrau

papel

chapéu

Brincando e aprendendo

1 Complete a cruzadinha com o nome das figuras.

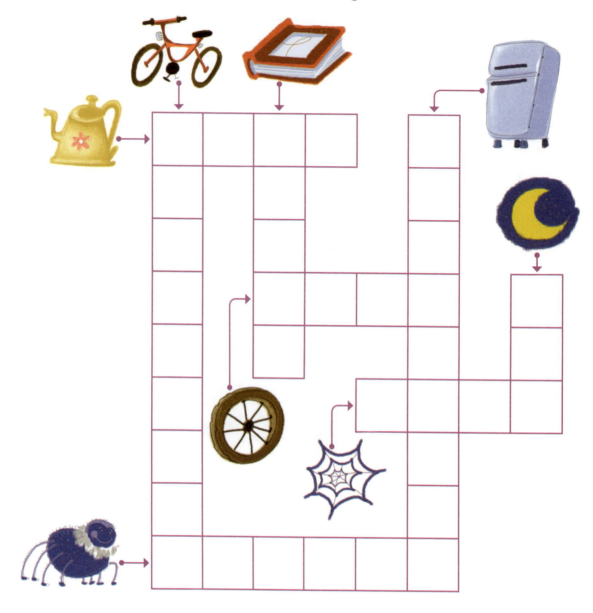

- Escolha o nome de duas figuras que combinem com os adjetivos do quadro e escreva as expressões formadas.

vazio   fina

2 Observe os pontos vermelhos no primeiro quadro e circule no segundo as letras correspondentes. **Dica**: siga os números e as letras das laterais dos quadros para saber a posição correta de cada letra. Veja o modelo.

	1	2	3	4	5	6	7	8	9	10	11	12	13	14	15
A		↓								•					•
B	→	⊙		•					•						
C											•			•	
D					•			•							
E							•					•			

	1	2	3	4	5	6	7	8	9	10	11	12	13	14	15
A	F	A	G	O	B	R	T	K	X	D	I	W	G	U	A
B	G	Ⓑ	U	R	A	B	I	E	O	D	K	V	I	I	E
C	B	P	O	E	G	H	B	I	R	O	A	H	Y	U	Z
D	Y	K	L	Z	I	J	T	H	L	A	A	V	A	U	X
E	J	M	B	O	U	I	L	O	V	J	L	L	O	P	Q

- Agora, junte as letras que você descobriu e escreva o substantivo e a locução adjetiva formados.

BRILHO DA LUA

Capítulo 1 — Pronome pessoal do caso reto

1 Leia o texto.

Os mamíferos, como os cachorros, gatos e humanos, desenvolvem-se dentro da barriga da mãe. Ao nascerem, **eles** se alimentam do leite materno.

O maior mamífero da Terra é a baleia-azul. **Ela** tem aproximadamente 33 metros de comprimento e pode pesar até 130 toneladas.

- Copie as palavras destacadas e o nome que elas estão substituindo.

	→	
	→	

> A palavra **eles** é um **pronome pessoal**, pois substitui um substantivo (nome). O pronome **eles**, no texto, refere-se a **mamíferos**.
>
> Os **pronomes pessoais do caso reto** indicam quem (ou o que) faz a ação: **eu** canto, **ele** dança, **nós** andamos. São pronomes pessoais do caso reto: **eu**, **tu**, **ele**, **ela**, **nós**, **vós**, **eles**, **elas**.

2 Copie as frases substituindo as palavras destacadas por pronomes.

a) **A tigresa** amamenta o filhote.

b) **Os cachorrinhos** brincam sem parar.

3 Copie a frase substituindo o nome repetido por um pronome.

A mamãe coala carrega o filhote nas costas porque **o filhote** é muito pequeno.

Capítulo 2 — h inicial; ch, lh, nh

1 Leia as definições e copie-as ao lado das imagens correspondentes.

> Hiena: mamífero carnívoro encontrado na África.

> Hipopótamo: mamífero herbívoro encontrado na África.

A letra **h** no início de palavras não representa som. Representa som quando, antes dela, vêm as letras **c**, **l** ou **n**, como em **ch**uva, ro**lh**a, e li**nh**a.

2 Copie as palavras, acrescentando a letra **h** depois de **c**, **l** ou **n**. Veja o modelo.

Sem a letra h	Com a letra h
lance	lanche
fala	
sono	
bico	
vela	
bola	
cega	
mina	
ceia	

Capítulo 3 — Pronome pessoal do caso oblíquo

1 Leia o poema.

Quem souber
que me responda,
sem demora,
sem cuidado:
em que compasso dança
um coração apaixonado?
[...]

O bailado: primeiros movimentos, de Hardy Guedes Alcoforado Filho. São Paulo: Scipione, 2008.

> A palavra **me** é um **pronome pessoal do caso oblíquo**. O pronome **me** refere-se a **eu**. Os pronomes do caso oblíquo indicam quem (ou o que) recebe a ação.
>
> São pronomes pessoais do caso oblíquo: **me**, **mim**, **comigo** (1ª pessoa do singular); **te**, **ti**, **contigo** (2ª pessoa do singular); **o**, **a**, **lhe**, **se**, **si**, **consigo** (3ª pessoa do singular); **nos**, **conosco** (1ª pessoa do plural); **vos**, **convosco** (2ª pessoa do plural); **os**, **as**, **lhes**, **se**, **si**, **consigo** (3ª pessoa do plural).

- Agora, copie do poema o pronome pessoal do caso oblíquo.

2 Leia a frase.

Cris e Júlia encomendaram um bolo. Elas vão buscá-lo na confeitaria amanhã.

- Copie o pronome pessoal:

do caso reto

do caso oblíquo

> Junto dos verbos terminados em **r**, usam-se **lo, la, los, las**.
> Por exemplo: **encontrar + o → encontrá-lo**.
> Junto dos verbos terminados em **m**, usam-se **no, na, nos, nas**.
> Por exemplo: **abraçam + as → abraçam-nas**.

3 Copie a frase substituindo ✪ por um dos pronomes do quadro.

| lo | Ela |

Ana perdeu o lápis. ✪ precisa encontrá-✪.

Capítulo 4 — Pronome de tratamento

1 Copie as frases abaixo.

a) Senhora, sente-se aqui, por favor!

b) Você pode me fazer um favor?

c) Posso servir Vossa Alteza?

> As palavras **senhora**, **você** e **Vossa Alteza** são **pronomes pessoais de tratamento**. São usados para as pessoas com quem falamos, no lugar dos pronomes pessoais.

2 Copie do quadro o pronome de tratamento adequado à pessoa a quem ele se refere.

> Vossa Excelência Vossa Majestade
> você Vossa Santidade

- Autoridade:
- Rainha:
- Colega:
- Papa:

3 Leia o texto e circule o pronome de tratamento.

Amigo é uma pessoa com quem você se sente bem. Você precisa de um amigo que se esconda, para você poder encontrá-lo. Você precisa de um amigo que lhe atire a bola, para você pegar. Seus amigos quase sempre gostam das mesmas coisas que você aprecia; por exemplo: futebol, dinossauros, escotismo...

[...]

Seja um bom amigo: guia para as crianças, de Christine A. Adams. São Paulo: Paulus, 2014.

Capítulo 5 — Numeral

1 Leia as adivinhas.

Seis mortos espichados,
cinco vivos trabalhando;
os vivos estão calados,
os mortos estão cantando.

Dois são quatro
e três são quatro também;
quatro são seis
e seis são quatro, pensando bem...

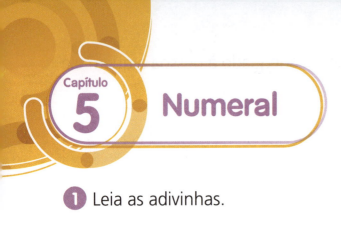

Enrosca ou desenrosca?: adivinhas, trava-línguas e outras enroscadas, organização de Maria José Nóbrega e Rosane Pamplona. São Paulo: Moderna, 2005.

- Copie por extenso os numerais de cada adivinha e escreva os algarismos correspondentes.

2 Copie os algarismos e escreva-os também por extenso.

10	dez

20	vinte

30	trinta

40	quarenta

Um agrupamento de dez unidades forma uma **dezena**.

50	cinquenta
60	sessenta
70	setenta
80	oitenta
90	noventa

3 Copie os numerais que indicam centenas.

100	cem

200	duzentos

300	trezentos

400	quatrocentos

> Um agrupamento de dez dezenas forma uma **centena**.

500	quinhentos
600	seiscentos
700	setecentos
800	oitocentos
900	novecentos

4 Escreva os números que faltam em cada linha.

21	___	23	___
55	___	57	___
59	___	61	___
134	___	136	___
138	___	140	___
202	___	204	___
345	___	347	___
911	___		
913	___		

5 Copie.

| 78 | setenta e oito |

| 324 | trezentos e vinte e quatro |

| 835 | oitocentos e trinta e cinco |

| 999 | novecentos e noventa e nove |

6 Escreva os valores. Veja o modelo.

7 Observe as folhas de cheques a seguir.

- Agora, escreva o valor do cheque de cada pessoa em algarismos e por extenso.

Carmem Souza — R$

Carlos Lima — R$

José Dantas — R$

Rosalva da Silva — R$

8 Observe a imagem e complete as frases abaixo. Consulte o quadro.

a) A menina com camiseta verde foi a _____ colocada.

b) A menina com camiseta vermelha foi a _____ colocada.

c) O menino com camiseta azul foi o _____ colocado.

> Além de indicar quantidade, o numeral pode indicar também a ordem que alguém ou algo ocupa numa sequência. Quando indica ordem, o numeral é chamado de **ordinal** (primeiro, segundo, terceiro, por exemplo).

9 Numere as crianças em ordem crescente de tamanho, de acordo com o modelo. Consulte o quadro.

1º primeiro
2º segundo
3º terceiro
4º quarto
5º quinto
6º sexto
7º sétimo
8º oitavo
9º nono
10º décimo

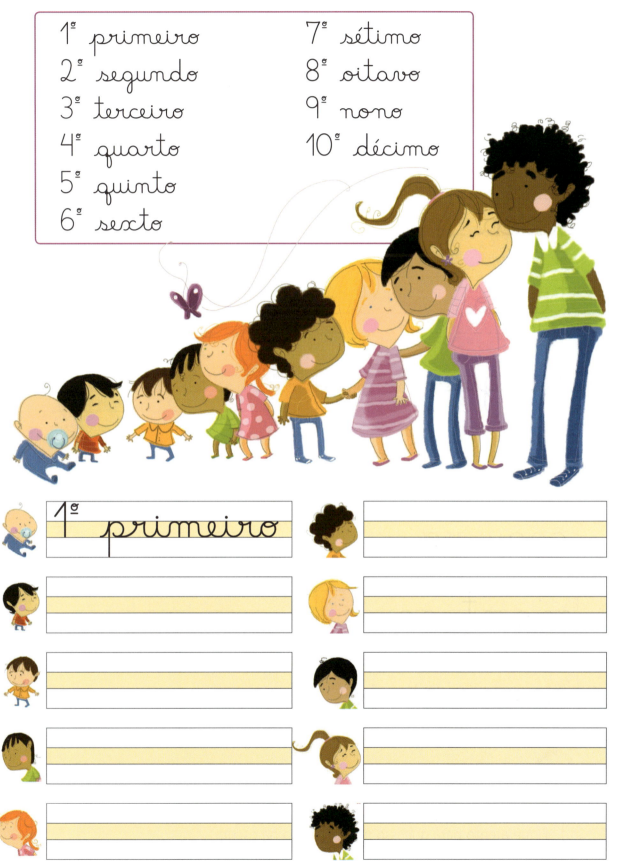

1º primeiro

Capítulo 6 — o, ou; e, ei

1 Copie as palavras substituindo os símbolos por letras, de acordo com o quadro.

★ o   ★ ou

- r★pa →
- tij★lo →
- aç★gue →

★ e   ★ ei

- coqu★ro →
- mant★ga →
- carangu★jo →

Fique por dentro!

Na fala, muitas vezes pronunciamos **o** no lugar de **ou** e **e** no lugar de **ei**. Fique atento para que isso não aconteça na escrita.

2 Continue completando as frases.

a) Quem cozinha é *cozinheiro*.

b) Quem faz pão é _____.

c) Quem vende peixe é _____.

d) Quem vende jornal é _____.

3 Copie as frases escrevendo os verbos no tempo passado.

a) Fabiana canta. _____

b) Alice escorrega. _____

4 Complete as frases com as palavras do quadro.

pousou   posou

a) *Ana* _____ *para a foto.*

b) *O avião* _____ *cedo.*

Capítulo 7 — Verbo: infinitivo e conjugação

1 Leia um trecho do livro **Tum tum tum: um barulho do corpo**.

> Naquele fim de tarde, Alice e Célia estavam brincando.
> **Era um tal de recortar, montar e desmontar.**
> Sem elas esperarem, um sopro de vento entrou pela janela e fez voar todos os pedacinhos de papel.
> E foi um desses pedacinhos de papel que esbarrou no nariz de Alice, fez coceguinha, e um espirro escapou.

Tum tum tum: um barulho do corpo, de Liliana Iacocca. São Paulo: Ática, 2011.

a) Copie a frase destacada.

As palavras **recortar**, **montar** e **desmontar** são **verbos** que indicam ação. Estão no **infinitivo**, isto é, não estão conjugados.

b) Copie estes verbos.

| entrou | esbarrou | escapou |

Os verbos que você escreveu estão conjugados, isto é, indicam quem ou o que fez a ação e quando a ação foi realizada (no presente, no passado ou no futuro).

2 Copie os verbos do quadro nos lugares indicados.

assinar   liguei   dirigir
ajudaram   votam   agradece

Verbos que estão no infinitivo

a)

Verbos que estão no presente

b)

Verbos que estão no passado

c)

3 Leia a tirinha do Armandinho e copie os verbos.

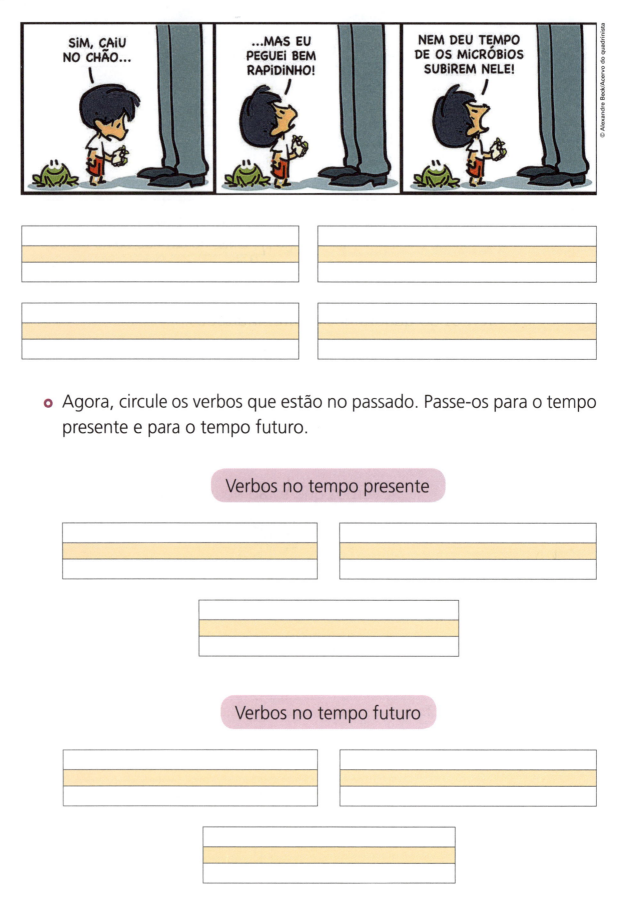

- Agora, circule os verbos que estão no passado. Passe-os para o tempo presente e para o tempo futuro.

Verbos no tempo presente

Verbos no tempo futuro

4 Continue escrevendo os verbos nos tempos solicitados.

Acertar – presente

Eu acerto	Nós
Tu	Vós
Ele	Eles

Assinar – passado

Eu assinei	Nós
Tu	Vós
Ele	Eles

Votar – futuro

Eu votarei	Nós
Tu	Vós
Ele	Eles

Capítulo 8 — -am, -ão

1 Leia o texto.

Peixinho do mar

Quem te ensinou a nadar?
Quem te ensinou a nadar?
Foi, foi, marinheiro,
Foi o peixinho do mar.

Cantiga popular.

- Complete as frases com as palavras do quadro.

> nadaram   nadarão

a) Ontem as crianças na piscina.

b) Amanhã as crianças na praia.

> Os verbos na terceira pessoa do plural (eles, elas), no tempo passado, terminam em **-am**; no tempo futuro, terminam em **-ão**.

2) Pinte os quadrinhos dos verbos de acordo com o quadro. Depois, complete as frases com os verbos no passado ou no futuro.

- 🟧 passado
- 🟦 futuro

☐ almoçaram   ☐ almoçarão

a) Ontem todos _____ juntos.

☐ sairão   ☐ saíram

b) Eles _____ amanhã cedo.

3) Complete o quadro com verbos no passado ou no futuro.

Pronomes	Verbos no passado	Verbos no futuro
eles	viajaram	
vocês		mudarão
elas	cantaram	

Capítulo 9 — Letra r

1 Leia mais um trecho do livro **A bela história do Pequeno Príncipe**.

Tive então que escolher uma profissão e aprendi a pilotar aviões. Voei um pouco pelo mundo inteiro. E a geografia me ajudou muito. Rapidamente, podia saber se estava na China ou no Arizona. [...]

Assim, ao longo da vida, mantive contato com um montão de gente terrivelmente séria. Vivi muito tempo com pessoas adultas. Eu as conheci bem de perto. Isso não melhorou muito minha opinião sobre elas.

A bela história do Pequeno Príncipe, de Antoine de Saint-Exupéry. São Paulo: Agir, 2013. (Texto adaptado).

2 Copie do texto.

Uma palavra iniciada com **r** (som forte)

Uma palavra com **rr** (som forte)

Quatro palavras com **r** entre vogais (som brando)

Quatro palavras com **r** em final de sílaba (vogal + **r**)

Quatro palavras com consoante + **r**

Capítulo 10 — SC, SÇ, XC

1 Leia o texto a seguir.

É verdade que as crianças crescem mais enquanto dormem?
Não, as crianças crescem durante o dia. Mas a crença de que elas espicham mais enquanto dormem tem sentido: é que nesse período o corpo aumenta a produção do hormônio de crescimento. [...]

É verdade que as crianças crescem mais enquanto dormem?, de Marina Bessa. **Mundo estranho**. Disponível em: <http://mundoestranho.abril.com.br/materia/e-verdade-que-as-criancas-crescem-mais-enquanto-dormem>. Acesso em: 20 out. 2015.

- Sublinhe no texto as palavras que têm **sc**. Depois, copie-as.

2 Copie a frase passando o verbo para o tempo presente.

Eu cresci rápido.

3 Copie as palavras substituindo os símbolos pelos dígrafos correspondentes.

- ⭐ sc
- ⭐ sç
- ⭐ xc

adole⭐ente

de⭐o

e⭐elente

di⭐iplina

flore⭐a

e⭐eção

 Os grupos **sc**, **sç** e **xc** são **dígrafos**. Eles representam o som **sê**.
 Os dígrafos **sc** e **xc** são usados antes das vogais **e, i**; o dígrafo **sç** é usado antes das vogais **a, o**.

Brincando e aprendendo

1 Observe os vasos ilustrados a seguir.

- Encontre o par dos vasos abaixo e circule-os.

2 Pinte os espaços que têm números pares e descubra a figura.

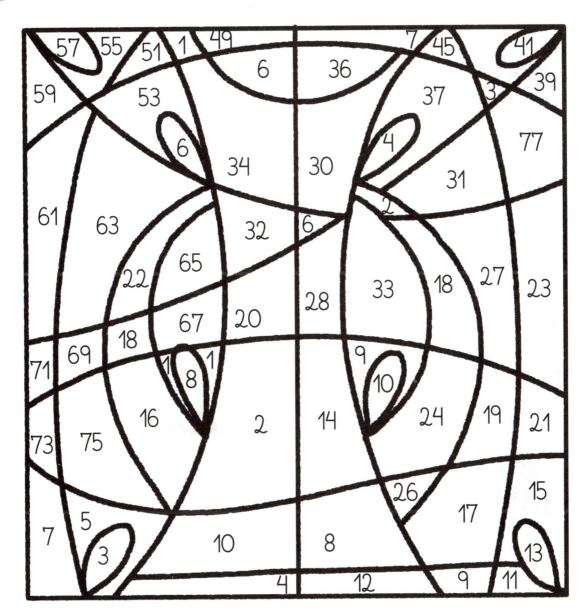

o Escreva, com algarismos, as dezenas solicitadas.

dez

vinte

trinta

Livros

Branca de Neve, dos Irmãos Grimm. São Paulo: Scipione.

Branca de Neve é uma menina linda e alegre, cuja beleza desperta a inveja de sua madrasta, uma malvada rainha que manda matá-la. Mas Branca de Neve consegue escapar, e passa a viver na floresta, na casa de pequenos e simpáticos amigos.

Caça ao tesouro: uma viagem ecológica, de Liliana Iacocca e Michele Iacocca. São Paulo: Ática.

Com Alexandre e seus amigos, as crianças vão atravessar florestas, pântanos, rios e oceanos em busca de um tesouro que é maior do que podiam imaginar.

Chapeuzinho Vermelho, dos Irmãos Grimm. São Paulo: Scipione.

A mãe de Chapeuzinho Vermelho pede a ela que leve uma cesta com um lanche para sua avó adoentada. Mas, no meio do caminho, na floresta, a menina encontra o Lobo Mau...

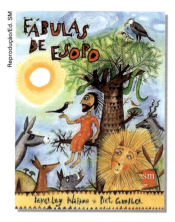

Fábulas de Esopo, de Beverley Naidoo. São Paulo: Edições SM.

A origem de Esopo talvez tenha sido africana, por isso os animais e a paisagem das savanas têm grande destaque nas dezesseis fábulas contadas neste livro.

Sugestões para o aluno

O Pequeno Príncipe, de Saint-Exupéry. São Paulo: Agir.

Um piloto cai com seu avião no deserto do Saara e encontra um pequeno príncipe, que o leva a uma jornada filosófica e poética através de planetas que encerram a solidão humana.

O tesouro das cantigas para crianças, de Ana Maria Machado (Org.). Rio de Janeiro: Nova Fronteira.

Este livro é um resgate do passado, reunindo as principais cantigas infantis da nossa cultura popular.

Os meninos e as meninas, de Brigitte Labbé e Michel Puech. São Paulo: Scipione.

Um apanhado dinâmico das diferenças entre meninos e meninas, começando pelas características físicas e estendendo-se até as diferenças de educação, preconceito e tradição. A obra discute as qualidades que os adultos esperam dos meninos, como coragem e força, e das meninas, como delicadeza e sensibilidade. Mas, sobretudo, ajuda o leitor a compreender que os papéis sociais não podem ser tão rígidos.

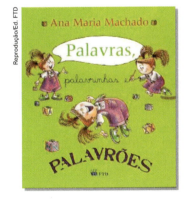

Palavras, palavrinhas e palavrões, de Ana Maria Machado. São Paulo: FTD.

Leia e conheça a história de uma garota que gostava de palavras e também de palavrinhas e palavrões.

Sugestões para o aluno

"Por que economizar água?", de Jen Green e Mike Gordon. São Paulo: Scipione.

O livro ensina a importância de usar a água com inteligência, evitando o desperdício e preservando a natureza. Apresenta uma linguagem própria para crianças em fase de alfabetização e ilustrações que complementam e auxiliam na compreensão do texto.

Quando eu comecei a crescer, de Ruth Rocha. São Paulo: Salamandra.

Quem não se lembra de quando deixou de acreditar em Papai Noel? E de como sentiu vergonha por nunca ter percebido isso antes? A menina dessa história está passando por esse momento. Como será que ela vai reagir?

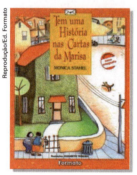

Tampinha tira os óculos, de Mariana Caltabiano. São Paulo: Scipione.

Tampinha é uma menina de 8 anos. Ela é baixinha e usa óculos. Um dia, resolve ir a uma festa sem eles, pois acha que assim fará mais sucesso. Mas, sem querer, acaba se metendo na maior confusão.

Tem uma história nas cartas da Marisa, de Monica Stahel. São Paulo: Formato.

Nas cartas que escreve para a prima, Marisa conta sobre o dia a dia e coisas misteriosas que acontecem na casa da vizinha: a casa verde.

CD

Pequeno Cidadão, de Arnaldo Antunes, Edgard Scandurra, Taciana Barros, Antonio Pinto. Rosa Celeste, 2009.

Este CD contém 14 músicas sobre o universo infantil, como a difícil hora de largar a chupeta e a obrigação *versus* diversão.

Filmes

O menino e o mundo. Direção de Alê Abreu. Brasil: Bretz Filmes, 2014. 1 DVD.

Sofrendo pela falta de seu pai, um menino se aventura a procurá-lo. Ele deixa sua aldeia e encontra um mundo incrível, cheio de máquinas e seres estranhos. Acompanhe a jornada emocionante desse menino e veja como um sonho pode ser transformador.

O pequeno príncipe. Direção de Mark Osborne. França: Paris Filmes, 2015. 1 DVD.

Uma garota acaba de se mudar com sua controladora mãe para um novo bairro. Muito solitária e soterrada pelas obrigações de estudos, a menina conhece seu novo vizinho, um senhor que lhe conta a história de um pequeno príncipe que vive em um asteroide com sua rosa. A partir de então, essa história mudará a vida da menina para sempre.

Sites@

<www.plenarinho.gov.br>

Site contendo informações sobre a atuação da Câmara dos Deputados, além de explicações sobre leis e conceitos jurídicos, com linguagem acessível às crianças.

<www.wwf.org.br>

WWF-Brasil é uma Organização Não Governamental brasileira, participante de uma rede internacional que atua na área de conservação da natureza dentro do contexto social e econômico brasileiro.

@ *Sites* acessados em: 2 dez. 2015.

Sugestões para o aluno

Bibliografia

AZEREDO, J. C. de. *Gramática Houaiss da língua portuguesa*. São Paulo: Publifolha, 2009.

BECHARA, E. *O que muda com o novo Acordo Ortográfico*. Rio de Janeiro: Nova Fronteira, 2008.

BERNABEU, Natália; GOLDSTEIN, Andy. *A brincadeira como ferramenta pedagógica*. São Paulo: Paulinas, 2012. (Pedagogia e Educação – série Ação Educativa).

CEGALLA, D. P. *Dicionário de dificuldades da língua portuguesa*. Rio de Janeiro: Lexikon, 2009.

CIPRO NETO, P. *O dia a dia da nossa língua*. São Paulo: Publifolha, 2002.

INSTITUTO ANTÔNIO HOUAISS; AZEREDO, José Carlos (Coord.). *Escrevendo pela nova ortografia:* como usar as regras do novo Acordo Ortográfico da Língua Portuguesa. São Paulo: Publifolha, 2013.

LUFT, Celso Pedro. *Novo guia ortográfico*. São Paulo: Globo, 2013.

MACHADO, J. R. M.; NUNES, M. V. da Silva. *Recriando a psicomotricidade*. Rio de Janeiro: Sprint, 2010.

MAN, J. *A história do alfabeto*. Tradução de Edith Zonenschain. Rio de Janeiro: Ediouro, 2002.

MORAIS, Artur Gomes. *Sistema de escrita alfabética*. São Paulo: Melhoramentos, 2012. (Como eu ensino).

NÓBREGA, Maria José. *Ortografia*. São Paulo: Melhoramentos, 2013. (Como eu ensino).

TRAVAGLIA, Luiz Carlos. *Na trilha da gramática:* conhecimento linguístico na alfabetização e letramento. São Paulo: Cortez, 2013.

Adesivos